AF385698

CRI

D'ALARME

PAR

JUSTIN

EN VENTE

A PARIS ET EN PROVINCE

CHEZ TOUS LES LIBRAIRES

—

1872

CRI D'ALARME

Le parlement fédéral allemand vient de clore ses séances en adoptant une loi militaire, à laquelle le gouvernement de l'empereur Guillaume semblait tenir beaucoup. Cette loi règle d'avance le budget de la guerre pour trois années, qui doivent finir au commencement de 1875. Pendant ces trois années, l'Empereur d'Allemagne sera libre d'organiser son armée comme il l'entendra, et de dépenser des sommes considérables, sans avoir rien à soumettre au contrôle du parlement.

Une loi qui donne au souverain des pouvoirs si étendus ne pouvait passer, même en Allemagne, sans rencontrer quelque opposition. M. de Bismarck étant atteint d'une maladie diplomatique, c'est son *alter ego*, M. Delbrück, qui a défendu et fait adopter la loi. Voici en substance, si l'on en croit l'agence Havas, quels ont été les arguments de M. Delbrück :

« Le peuple français, a-t-il dit, conserve un vif
« ressentiment de sa défaite, et n'aspire qu'à prendre
« sa revanche. Ce sentiment se traduira par une atta-
« que contre nous, Allemands, aussitôt après le paie-
« ment de l'indemnité de guerre. Le dernier milliard
« de l'indemnité doit se payer en 1874; donc, en

« 1874, et aussitôt après le paiement de ce milliard,
« il faut que nous nous attendions à une attaque et
« que nous soyons en mesure de la repousser. »

Les paroles d'un homme d'Etat Prussien ne doivent
pas être prises au pied de la lettre, mais elles sont toujours dictées par une pensée. C'est cette pensée, qu'il
faut tâcher de mettre à nu. La tâche, ici, ne me paraît
pas bien difficile. La pensée est mal déguisée, et je ne
puis m'empêcher de pousser un cri d'alarme en la dé-
couvrant.

Et d'abord, M. Delbrück n'a pas pu croire que
l'Allemagne serait attaquée en 1874. Il est de toute
évidence que la France ne peut pas être prête pour
une époque aussi rapprochée. M. Delbrück ne peut pas
ignorer cela ; j'offre de parier qu'il le sait même mieux
que beaucoup de Français. — S'il était vrai, d'ailleurs,
que l'attaque dût se produire en 1874, ce n'est pas
après, c'est *avant* le paiement du dernier milliard qu'on
devrait l'attendre ; car nous serions par trop naïfs
d'aller porter aux Prussiens ce dernier milliard, au lieu
de l'employer en préparatifs de guerre. Cette attaque
de la France, prévue par le gouvernement prussien,
aussitôt après le paiement du dernier milliard, n'est
donc pas autre chose qu'un artifice oratoire. Pour peu
que l'on réfléchisse, on ne peut pas avoir de doute sur
ce point.

Mais, d'autre part, la loi adoptée par le parlement
fédéral prouve absolument que le gouvernement de
l'empereur Guillaume veut être prêt à la guerre en
1874 ; qu'il attend cette guerre. Or, si le gouvernement

allemand sait qu'on ne l'attaquera pas, si pourtant il
attend une guerre, on doit conclure avec toute évidence qu'il a l'intention de la déclarer. La pensée qui
se déguise sous les paroles de M. Delbrück n'est donc
pas autre que celle-ci : « Nous voulons être en mesure
« d'attaquer la France en 1874, aussitôt après le paie-
« ment du dernier milliard. »

Je dis que telle est évidemment la pensée du gouvernement allemand. J'ajoute que, la situation actuelle
étant donnée, cette pensée de sa part est assez logique;
qu'il serait étonnant qu'elle ne lui fût pas venue; et
que même si M. Delbrück n'avait rien dit, même si le
parlement allemand n'avait voté aucune loi, nous ne
devrions pas moins tenir pour certain que l'Allemagne
médite une nouvelle attaque contre nous.

On m'accordera bien que les hommes d'Etat Prussiens sont intelligents, qu'ils ne veulent pas décheoir,
que s'ils ont élevé l'Allemagne à ce degré de puissance,
ce n'est pas pour la laisser descendre de gaieté de cœur.
Or, il est bien certain que, si la France guérissait ses
blessures, si elle se formait une armée des quatre millions
de citoyens valides qu'elle peut mettre en ligne, si elle
complétait et réorganisait son matériel, la puissance
militaire allemande aurait encore une rivale. Non-seulement l'empereur Guillaume ne pourrait plus dicter
des lois à l'Europe, mais sa position deviendrait presque périlleuse. Tout révolutionnaire allemand serait à
peu près sûr de trouver en France un refuge et un appui; tout peuple en lutte avec la Prusse pourrait
compter sur quelque chose de plus qu'une neutralité
sympathique; et même sans alliés, la France, redeve-

nue forte, ne pourrait-elle pas tenter de reconquérir les provinces qu'on lui a prises? Assurément, ce n'est pas en 1874 que la France se trouvera assez relevée pour devenir dangereuse; mais un jour ou l'autre le danger doit se produire, et il ne faut pas croire M. de Bismarck assez innocent, pour ne pas l'avoir prévu. Évidemment, l'empire d'Allemagne est sur ses gardes, et toutes ses précautions sont prises pour prévenir le coup.

Quelles peuvent être ces précautions? Il est malheureusement trop vrai que l'Allemagne n'en a qu'une à prendre : c'est de nous ruiner de telle manière, que nous soyons à tout jamais dans l'impossibilité de nous relever. Tel était déjà, dit-on, le plan de M. de Moltke pendant la dernière guerre. Il voulait ravager si bien la France, qu'elle ne pût pas se guérir de cinquante ans. M. de Bismarck a préféré cueillir en passant cinq jolis milliards, mais il ne faut pas croire que l'autre idée soit abandonnée pour cela. Elle ne peut pas l'être, parce que la tranquillité de l'empire est à ce prix.

Nous avons trop parlé de revanche pour que nos ennemis soient disposés à s'endormir sur leurs succès, ce qui, d'ailleurs, n'est pas dans leur tempérament. S'ils nous laissent un moment de calme, c'est que nous avons encore trois milliards à leur payer, ce qui exige un peu d'ordre et de tranquillité; nous resterions insolvables, si la confiance et le crédit ne se rétablissaient pas. D'ailleurs, nous employons notre temps d'une manière qui ne doit pas leur être désagréable; nous nous sommes d'abord entretués dans une guerre civile; aujourd'hui nous désarmons les gardes nationales, qui étaient une de nos forces contre l'invasion. Nos ennemis ont tout intérêt à nous laisser suivre tranquillement cette voie pendant quelques jours. Ils font patte de velours, — tout en laissant quelquefois sortir la griffe. — Mais attendez que le dernier milliard soit payé, et vous les verrez prendre une autre attitude. Ils s'attendent, disent-ils, à être attaqués en 1874, ceci est déjà un indice ; car toutes les fois que la Prusse a médité quelque agression contre ses voisins, elle a toujours feint de se croire menacée. Mais cet indice même est superflu : les Allemands chercheront à nous écraser, parce qu'il y va non-seulement de leur prépondérance, mais de leur salut dans l'avenir.

Et, n'eussent-ils même qu'un faible intérêt à consommer la ruine de la France, je vous demande ce qui pourrait les empêcher de pousser jusqu'au bout ? Serait-ce le traité qu'ils ont signé ? Mais vous savez bien le cas que les diplomates Prussiens font des traités. Est-ce qu'ils ne s'étaient pas engagés, par un traité en bonne et due forme, à faire voter les populations Danoises du Sleswig sur leur annexion à la Prusse ? Est-ce que ce traité a été exécuté ? Est-ce qu'ils ont eu même un instant l'intention de l'exécuter ? — Qui donc pourrait nous tirer de leurs mains ? L'Europe ? Il faut vraiment bien compter sur l'Europe ! Nous l'avons vue assez à l'œuvre pendant la dernière guerre : à chaque victoire des Prussiens, l'empereur de Russie envoyait des décorations à leurs généraux, et leur conférait des grades dans son armée. L'Autriche est devenue, de l'aveu de son gouvernement, l'intime amie de la Prusse, depuis ses victoires. — Il n'y a plus d'Europe ; il n'y a plus qu'une Prusse conquérante, et des nations serviles ou effrayées. Nous n'avons qu'un seul moyen de rester debout auprès de cette Prusse : c'est d'être assez forts pour qu'elle hésite à nous envahir de nouveau.

Comment faut-il nous y prendre pour être assez forts ? Voilà, ce me semble, la grande question du moment. Je n'en vois pas de plus palpitante que celle-là. Elle intéresse tous ceux qui ont un château ou une chaumière que les Prussiens peuvent brûler, des champs qu'ils peuvent ravager, un mobilier qu'ils peuvent emballer, des bœufs qu'ils peuvent manger, une cave ou un grenier qu'ils peuvent vider. Non-seulement elle les intéresse, mais c'est pour tous une question de vie ou de mort. Si nous ne pouvons pas nous défendre, nous n'avons en perspective que le pillage et la destruction.

Comment donc faut-il nous y prendre pour devenir assez forts, et cela dans un délai qui n'excédera pas deux ans ? Je ne vois, hélas ! qu'un seul moyen et, quelles que soient les préventions que ce moyen va heurter, je dis qu'il faut y recourir bien vite : il faut se hâter d'armer tout le pays.

Je sais que notre Assemblée nationale va discuter un grand projet de réforme militaire ; qu'il est question de bouleverser tout l'ancien système ; de rendre le service obligatoire pour tous les Français ; de faire une armée qui finira par comprendre tous les citoyens. L'idée me semble bonne et, si nous avions quinze ans devant nous pour la mettre en pratique, je serais déjà rassuré. Mais il faudra plus de six mois pour discuter la loi ; six autres mois ne suffiront pas, dans les bureaux du ministère de la guerre, pour en préparer l'application ; c'est tout au plus si, dans un an, les premiers soldats appelés par la nouvelle loi arriveront sous les drapeaux. Ils trouveront là une organisation toute neuve, avec laquelle personne ne sera familiarisé ; ce sera, dans les premiers temps, une sorte de chaos. Or, dans un an, nous serons en 1873; un an plus tard, arrivera la date fatale de 1874 ; elle nous trouvera dans une période de tâtonnements, entre le nouveau système qui n'aura pas encore pris sa marche régulière, et le système ancien, qui sera déjà désorganisé. Ce sera, si je ne me trompe, le moment où nous serons le plus faibles.

Il n'est pas probable, d'ailleurs, que la loi nouvelle aille reprendre les hommes qui ont déjà satisfait à l'ancienne loi militaire ; ce serait lui donner une puissance rétroactive, qui serait contraire aux principes de droit généralement admis. Elle laissera donc de côté les citoyens âgés de plus de 28 ans, et ses effets ne seront bien sensibles que sur les classes qui n'ont pas encore passé à la conscription. Or, deux de ces classes seulement arriveront en âge, d'ici à l'année 1874. Si donc il ne se produit aucun changement dans les dispositions de notre Assemblée nationale, il est à peu près certain que, en 1874, nous aurons encore le nombre contre nous.

Il ne faut donc pas du tout compter sur la loi nouvelle; il faut, et promptement, armer le pays tel qu'il se trouve. Pour cela, deux moyens se présentent à nous : le premier est dans la main de l'Assemblée qui nous gouverne, ce sont les gardes nationales ; le second dépend jusqu'à un certain point de l'initiative des citoyens, ce sont les sociétés de tir.

2

Il y a malheureusement en France un parti conser-
vateur, qui ne veut pas entendre parler de gardes nationales. Par un accident plus malheureux encore, il
arrive que ce parti, qui est en minorité dans le pays, se
trouve en majorité dans l'Assemblée. C'est lui qui,
malgré la courageuse opposition de M. Thiers, vient
de faire désarmer tout ce qui restait de nos milices citoyennes; c'est encore lui qui, ressuscitant une
des lois les plus déplorables du dernier empire, a édicté
l'amende et la prison contre les citoyens coupables
d'avoir acheté un fusil de guerre et de le garder chez
eux. Ce parti veut à tout prix le désarmement du peuple français. Les raisons qu'il invoque contre la garde
nationale sont des plus mauvaises; elles se réduisent à
deux, que nous allons successivement examiner :

PREMIÈRE RAISON

CONTRE L'ENNEMI LES GARDES NATIONALES NE SERVENT A RIEN.

Si nos arrière-petits-fils jettent seulement les yeux
sur les journaux publiés pendant la dernière guerre, ils
s'étonneront qu'une pareille assertion ait pu être émise
en 1871. Est-ce que la garde nationale de Paris n'a
pas pris part à toutes les opérations de la défense, non-
seulement dans les murs, mais hors des murs? Est-ce
qu'elle n'était pas à Montretout, à Buzenval, partout
où il y a eu des batailles livrées ? Croit-on que Paris
eût pu être défendu jusqu'à l'épuisement des vivres, par
les régiments mutilés du général Vinoy? A Saint-Quentin,
la garde nationale seule a repoussé et mis en déroute

une colonne prussienne, venue pour attaquer la ville ;
à Châteaudun, elle s'est ensevelie sous ses ruines ; à
Dijon, elle a lutté, et les Prussiens entrés, non sans
peine, dans la capitale de la Bourgogne, ont fait rendre
les honneurs militaires aux gardes nationaux morts pour
la défendre. On pourrait citer bien d'autres faits. Notez
pourtant que ces gardes nationaux de province n'étaient
pas exercés du tout ; qu'ils avaient de vieux fusils à
pierre ou à piston, dont la moitié ne partaient pas ; que
ceux des villes seuls avaient un simulacre d'armement,
et que les campagnes, qui eussent été bien plus diffici-
lement réduites à merci par l'artillerie ennemie, étaient
partout laissées sans aucun moyen de défense.

Et c'est à ces gardes nationaux, laissés sans armes,
que l'on vient reprocher de n'avoir pas su défendre le
pays ! Mais qu'a donc fait l'armée, dont la comparaison
puisse les humilier ? L'armée avait des fusils et des ca-
nons ; pourtant les Prussiens l'ont dévorée tout entière
en deux bouchées, l'une à Sedan, et l'autre à Metz.
Depuis la frontière jusqu'à Paris, l'invasion prussienne
n'a été qu'une promenade militaire ; il n'y avait pas de
gardes nationales Après l'investissement de Paris, les
gardes nationales ont commencé à se montrer ; et, quoi-
que la France n'eût plus d'armée, l'invasion n'a pas
été pour cela rendue plus facile. Qu'était-ce que les
mobiles et les mobilisés, sinon des gardes nationaux
sortis de chez eux ? Ils ont pourtant opposé une résistance sérieuse à Patay, à Nuits, à Dijon, au Mans et
dans vingt autres batailles ; ils ont même emporté les
positions prussiennes à Coulmiers et à Villersexel. Les
quelques régiments de ligne qui les appuyaient, n'étaient

pas plus aguerris qu'eux ; ils étaient peuplés de conscrits qui, pour la plupart, — plusieurs me l'ont affirmé, — n'avaient jamais tiré un coup de fusil sur une cible, quand on les a conduits au feu. Et ce sont ces gardes nationaux enrégimentés qui ont eu l'honneur de voir reculer les Prussiens pour la première fois ; de leur prendre, — à la bataille de Dijon, — le seul drapeau qui leur ait été pris. Que n'eût-on pas obtenu si, partout où il y avait les éléments d'une garde nationale, on lui avait donné de l'exercice et de bons fusils ? Les conservateurs de l'Empire ont eu peur d'armer le pays ; cela nous coûte deux provinces et cinq milliards, sans compter les ruines et la honte de l'invasion. A peine relevés, les conservateurs d'aujourd'hui recommencent la même tactique. Où nous mènent-ils, grand Dieu ! et combien de temps faudra-t-il à ces conservateurs pour consommer notre destruction ?

Nous n'avons plus le temps d'organiser une armée sur des bases nouvelles, mais nous aurions le temps d'armer et d'exercer nos gardes nationales. Avec un peu d'exercice, ces milices acquéreraient la solidité qui peut leur manquer encore. Elles ne diminueraient en rien la valeur de l'armée régulière, mais elles lui prêteraient, en cas de besoin, un puissant concours. Nos armées n'eussent jamais pu être cernées à Metz ni à Sedan, si e'les avaient eu derrière elles, pour les appuyer, trois millions de gardes nationaux pareils à ceux qui ont tenu les Prussiens en échec à Nuits, à Dijon, ou devant Orléans.

DEUXIÈME RAISON

A L'INTÉRIEUR LES GARDES NATIONALES FONT DU DÉSORDRE.

Voilà le grand argument, celui qui décide irrévocablement les conservateurs timorés ; aussi les journaux amis du désarmement l'ont-ils exploité sans grâce ni merci. Leurs colonnes sont pleines d'amplifications sur les horreurs commises par la garde nationale, non-seulement à Paris, mais à Marseille, à Lyon, à Saint-Etienne, à Toulouse ; — à Bordeaux même, où l'Assemblée a pourtant siégé bien tranquille, mais où quelques gardes nationaux ont, à ce qu'il paraît, poussé des cris, jugés séditieux par les députés légitimistes.

Il y a malheureusement dans ces récriminations une part de vérité ; mais quand tout serait vrai, quand les faits dont on se prévaut seraient indiscutables, la conclusion qu'on veut en tirer en serait-elle plus juste ?

Est-ce qu'il n'est pas arrivé quelquefois que l'on a assassiné un homme avec un couteau, avec une cognée, avec un couperet, avec une barre de fer ? A-t-on songé pour cela à supprimer toutes les barres de fer, tous les couteaux, toutes les cognées ? Non, sans doute, et voici pourquoi : c'est que tous ces instruments, qui peuvent quelquefois servir à malfaire, ont aussi un côté utile ; c'est que le côté utile emporte la balance et que le crime, après tout, n'est que l'exception ; c'est enfin, que l'on peut quelquefois prévenir, presque toujours atteindre et punir le crime. On enferme les fous, on se débarrasse des assassins, mais on laisse le fer aux mains des travailleurs, qui en ont besoin. Eh bien ! appliquez ce raisonnement aux gardes nationales et aux armes de guerre, et vous verrez si la logique sera pour le désarmement?

Les gardes nationales ont un côté utile; il est mauvais, aujourd'hui surtout, de laisser la nation sans défense et désarmée; je crois l'avoir montré, et, si l'expérience a jamais pu servir à quelque chose, elle doit aujourd'hui nous servir à comprendre cette vérité-là. Nous payons trop cher l'état de désarmement qu'ont entretenu les conservateurs de tous les régimes.

— Est-ce que le côté utile ne l'emporte pas ici sur le côté dangereux? Est-ce que les actes de révolte, que l'on reproche aux gardes nationales, ne sont pas l'exception au lieu d'être la règle? — Ils sont l'exception. Cela est visible au premier coup d'œil.

Il y a en France 86 départements, 4,000 cantons, et quelque chose comme 30 ou 40,000 communes. La garde nationale a été organisée, sous le ministère Gambetta, dans toutes ces communes, qui n'étaient pas occupées par l'ennemi. Dans toutes les villes, grandes ou petites, et dans un bon nombre de communes rurales, elle a même reçu, — trop tard, hélas! — un commencement d'armement. Combien cite-t-on de points où de véritables désordres se soient produits? J'en compte jusqu'à six, en laissant de côté Paris. Il y a eu des désordres plus ou moins graves à Lyon, Marseille, Toulouse, Limoges, Saint-Etienne et Narbonne. Cette liste, me dira-t-on, n'est pas complète.—Les journaux de la droite ont pourtant relevé tous les faits de désordre avec assez de zèle, pour qu'il soit difficile d'en oublier beaucoup, — mais, supposez que j'en omette; au lieu de six, mettez-en vingt, cinquante, cent si vous

voulez. Y a-t-il dans ces faits une raison suffisante
pour dissoudre les gardes nationales de quatre mille villes, petites ou grandes, et de 36,000 communes rurales, qui n'ont jamais donné prise à la moindre critique,
et qui, bien qu'à peine armées, s'exerçaient, pour la
plupart, avec le désir consciencieux de se rendre utiles
à la défense du pays?

Remarquez que, sur les points mêmes où des faits
criminels se sont produits, on ne peut pas dire que tout
ait été absolument mauvais; qu'il faut tenir compte du
temps et des circonstances; et que, somme toute, il y a
amplement matière à discussion.

Et d'abord, à Marseille comme à Toulouse, comme
à Saint-Etienne, comme à Paris même, ce n'est pas la
garde nationale tout entière qui doit être rendue res-
ponsable du désordre. Dans toutes les villes de province,
l'insurrection a été le fait d'une minorité. Si, pour un
instant cette minorité a pris le dessus, c'est que, à tous
les points de vue, les circonstances étaient exception-
nelles. On n'attire pas sur une nation des désastres
pareils à ceux que nous avons vus, sans que les esprits
soient violemment surexcités. La surexcitation, ici,
était d'autant plus naturelle, que les désastres étaient
évidemment dus à l'aveuglement de la majorité conser-
vatrice. C'est cette majorité qui avait soutenu l'Empire;
conféré à l'Empereur, par un plébiscite, le droit de
déclarer la guerre; acclamé cette même guerre à son
début. Cette majorité dépourvue d'initiative et façonnée
à l'obéissance par les préfets, ressemblait, après le désastre, moins à un peuple qu'à un troupeau de moutons
qui a perdu son berger. C'est à ce moment que les in-

surrections ont eu lieu. Les Républicains seuls savaient
s'entendre, et la pratique de l'opposition leur avait fait
garder l'habitude d'agir par eux-mêmes. Faut-il s'étonner qu'au début ils aient été les plus forts; que dans
ce désordre inévitable quelques forcenés aient débordé
les autres, et soient allés jusqu'au crime; que, même
parmi les plus sincères, il s'en soit trouvé plusieurs qui
ont oublié pour un instant que la majorité doit faire la
loi? Cette majorité ne les avait-elle pas conduits du despotisme de l'Empire à la catastrophe de Sedan? Si vous
jugez les sentiments habituels d'un peuple par ce qui
se produit dans un moment d'effervescence, vous agissez
comme le passager qui, n'ayant vu la mer que pendant une
tempête, s'imaginerait que toute navigation est impossible. On apprécierait mieux les vrais sentiments de nos
gardes nationaux de province, par leur attitude à l'occasion du désarmement. Ils ont livré leurs fusils plus facilement que le mouton ne livre sa laine; et beaucoup
d'entre eux étaient pourtant, comme je le suis moi-même,
fermement persuadés que ce désarmement causerait
notre perte à tous. Il n'y a dans tout cela rien qui suffise pour motiver les mesures extrêmes et les craintes
désordonnées des désarmeurs.

Reste Paris, avec ses assassinats et ses incendies. Là,
nous devons le reconnaître, c'est la majorité de la garde
nationale qui s'est révoltée; mais là aussi, là surtout,
c'est l'irritation causée par nos désastres qui a causé
l'explosion. Si l'Empire n'eût pas craint d'armer les
gardes nationales, le résultat final eût été tout autre.
Les désastres étaient conjurés, au moins en partie; les
Prussiens, peut-être, étaient honteusement chassés du

territoire, et Paris alors n'eût connu que l'enthousiasme de la victoire. Dans tous les cas, et même en supposant quelques revers, ils eussent été moindres, et l'insurrection n'eût pas pris les proportions que nous avons vues.

Je suis persuadé qu'elle ne devait même pas atteindre ces proportions, si les hommes qui l'ont combattue eussent mieux su comprendre quel devait être alors l'état des esprits :

Paris venait de soutenir un siége sans précédent ; il s'était bravement battu ; il avait enduré stoïquement les privations ; il n'avait capitulé que devant la faim. A tort ou à raison, — plutôt, peut-être, à raison qu'à tort, — il attribuait l'insuccès de sa résistance à la faiblesse des hommes qui avaient été chargés de la diriger. La coupe d'humiliation n'était pas encore entièrement bue, quand le suffrage universel lui renvoie ces mêmes hommes, ou ceux qui les avaient soutenus ; ce sont eux qui décident de son organisation municipale, qui lui nomment des chefs, et qui, malheureusement, ne les choisissent pas parmi les plus sympathiques... Avec tant de causes de fermentation, le moindre conflit devait déterminer une révolte : cette révolte eut lieu. Il est bien certain qu'elle fut coupable ; mais les révoltés n'étaient pas tous des gardes nationaux. On sait qu'une partie des troupes se joignit à eux, ou faiblit devant eux ; on sait que, pendant quelque temps encore, il y eût, même dans l'armée restée fidèle, des symptômes de démoralisation fort inquiétants. Pourquoi donc les gardes nationales sont-elles rendues seules responsables d'une défaillance morale, qui était partout, et que les vieux soldats eux-mêmes n'évitaient pas?

Pour guérir un mal, il faut ordinairement tâcher d'en supprimer la cause. Ici, la cause était une sorte de rage, déterminée par un souvenir humiliant. Qui efface le souvenir ? C'est le temps surtout. Il semble donc qu'ici, c'était d'abord du temps qu'il fallait gagner. L'insurrection était entièrement maîtresse de Paris ; on ne pouvait que très-difficilement l'en déloger, mais on pouvait très-facilement l'empêcher de s'étendre au dehors. Elle n'incendia rien et ne fit aucune exécution d'otages, avant les derniers jours. Rien n'empêchait donc de temporiser ; l'excitation serait tombée petit à petit, les ressources de la Commune se seraient usées, la division se serait mise parmi les chefs ambitieux, qui ne s'aimaient pas. Paris, qui emprunte à la France tout ce qui le fait vivre, ne peut pas se tenir indéfiniment séparé d'elle ; et comme l'Assemblée n'avait pas envie de s'y établir, comme, d'autre part, elle était alors disposée à donner aux municipalités une certaine indépendance, il semble que tout aurait pu se terminer bientôt par un accommodement.

On a mieux aimé poursuivre la lutte, et entrer de vive force ; mais il est alors arrivé ce qui arrive toujours dans les guerres civiles ; la haine s'est avivée, et la guerre a dégénéré en extermination réciproque. N'attendant guère de quartier et se voyant vaincus, les rebelles ont voulu se donner le plaisir de faire, en mourant, tout le mal possible. De là, les incendies et le massacre des otages. Une lettre de l'archevêque de Paris, que les journaux ont publiée, quelque temps avant la catastrophe, signalait déjà la tournure que les choses commençaient à prendre ; aujourd'hui, les témoignages qui se produisent devant les conseils de guerre fournissent maintes preuves à l'appui de ce que j'expose. On a rapporté, entre autres, un mot assez caractéristique de Raoul Rigault. Il disait, en se préparant à faire fusiller des prisonniers : « Si les Versaillais nous tenaient, ils « ne nous ménageraient pas. Nous n'avons donc pas « de ménagements à garder non plus. »

Les faits déplorables que l'on invoque ne suffisent donc pas à motiver le désarmement. Ils pouvaient, avec plus de prudence, être évités en grande partie, et sont, d'ailleurs, la conséquence d'un état moral exceptionnel, qui s'est déjà modifié. Fussent-ils probants, ces faits ne justifieraient, dans tous les cas, qu'un désarmement partiel. Il n'y a pas la moindre raison pour maintenir le désarmement des gardes nationales qui n'ont pas troublé l'ordre; on devrait, au contraire, leur distribuer de bons fusils, et remplacer par quelques exercices instructifs les gardes inutiles et fastidieuses qu'on leur a fait monter jusqu'à présent. Enfin, fût-il prouvé que les gardes nationales ne peuvent exister nulle part sans faire des émeutes, nous n'en devrions pas moins les laisser armées et bien armées; parce qu'entre deux maux, il faut choisir le moindre, et qu'en additionnant tous les méfaits commis en France, depuis cinquante ans, nous n'arrivons pas à la dixième partie de ce que produit une invasion prussienne. Strasbourg, Châteaudun, Bazeilles ont été brûlés plus complétement et plus vite que Paris. Pour un uhlan blessé au coin d'un bois par un franc-tireur breton, les Prussiens brûlaient un village de Champagne ou de Lorraine, qui n'en pouvait mais, ou fusillaient quelques paysans inoffensifs, qui se trouvaient là par hasard. Les communeux ont laissé intacte la Banque de France, la caisse Rotschild, le Crédit Industriel, le Crédit Foncier, le Crédit Lyonnais, et cinquante autres grands établissements ou puissants banquiers, chez lesquels ils auraient pu prendre des centaines de millions en numéraire et des milliards en titres au porteur. Les Prussiens ont mis les villes et les villages à contribution, forcé les tiroirs, emballé les pendules, réquisitionné le bétail et vidé les greniers. Désarmer les gens par crainte de l'émeute et faciliter ainsi l'invasion prussienne, c'est faire comme Gribouille ; c'est même bien plus fort, car en moins de deux ans, voici la seconde fois que nous nous perdons de la même manière, et personne n'a jamais entendu dire que Gribouille, une fois noyé, ait eu la pensée de se jeter dans la rivière une seconde fois.

Malheureusement, il n'y a pas de raisonnement qui tienne contre une idée fixe, et certains amis de l'ordre ont perpétuellement un spectre rouge devant les yeux. Il serait inutile de chercher à convertir ces hommes de trop de foi. Mais les Républicains n'ont pas le même parti pris sur la question, et je regrette vraiment d'être sans autorité parmi eux, parce que j'aurais peut-être quelque chance de leur faire goûter le langage que voici :

« Au lieu d'user vos forces à réclamer la dissolu-
« tion de l'Assemblée, — que vous n'obtiendrez pas,
« et qui, d'ailleurs, nous amènerait des difficultés im-
« médiates avec les Prussiens, — ou l'instruction obli-
« gatoire, laïque, générale et commune, — qui soulè-
« vera toujours beaucoup de répugnances, parce qu'elle

« viole, quoi que vous en disiez, un principe de liberté,
« — pourquoi ne concentrez-vous pas tous vos efforts
« et toute votre énergie sur cette question vitale : Le
« rétablissement des gardes nationales et l'armement
« du pays? En agissant ainsi, vous amèneriez à vous
« nombre de gens, qui ne sont d'aucun parti, mais qui
« n'aiment pas l'invasion, et vous mettriez dans votre
« jeu, M. Thiers, qui vaut un atout. La droite de
« l'Assemblée se montrerait d'abord rétive; mais en
« ménageant sa susceptibilité sur d'autres points, en la
« harcelant de pétitions, en lui montrant l'immense res-
« ponsabilité qui pèse sur elle, vous finiriez peut être
« par venir à bout de son obstination. Or, si vous ob-
« teniez un pareil succès, vous sauveriez la France,
« qui ne tarderait pas à comprendre ce qu'elle vous
« devrait, et qui vous serait acquise irrévocablement,
« à partir de ce jour. »

Les petits moyens ne sont pas non plus à dédaigner,
et soit que l'on obtienne ou que l'on n'obtienne pas le
rétablissement des gardes nationales, il serait toujours
bon de chercher à multiplier les sociétés de tir.

Si ces sociétés pouvaient prendre chez nous le même
développement qu'elles ont en Suisse, elles suffiraient
seules pour assurer la défense du territoire. Il faudra
malheureusement plus de deux années pour en arriver
là ; mais si peu que l'on fasse, on obtiendra toujours un
effet utile, et les difficultés, ici, ne paraissent pas trop
grandes.

L'autorisation de fonder ces sociétés ne dépend pas de l'Assemblée, mais du Président de la République, et M. Thiers ne semble pas partager les préjugés de la droite, contre les citoyens armés.

Les armes de guerre étant nécessaires pour s'exercer au tir à longue portée, il serait illogique d'en interdire la possession aux membres des sociétés autorisées. Il est donc à croire que chaque société posséderait bientôt un noyau de tireurs pourvus de bonnes armes ; et l'armement du pays se développerait de lui-même, à mesure que les sociétés prendraient de l'extension.

Les sociétés établiraient des cibles, sur lesquelles tout le monde serait admis à s'exercer, moyennant une rétribution modique. Ainsi l'habitude des armes se répandrait. Il se formerait de bons tireurs, qui seraient d'une grande utilité dans nos armées, et bien plus encore dans les corps francs, dont il faudra bon gré mal gré requérir les services, le jour où l'invasion viendra nous visiter pour la seconde fois.

Tout le monde sait combien nos francs-tireurs ont été incommodes aux Prussiens pendant la dernière guerre. Ce sont les seules troupes auxquelles M. de Bismarck ait fait l'honneur d'exiger leur licenciement lorsqu'on a signé l'armistice. Leurs compagnies, pourtant, étaient toutes improvisées, et la plupart des francs-tireurs savaient peu tirer.

Les sociétés de tir seraient bientôt des pépinières excellentes de francs-tireurs ; en quelques jours, il en pourrait sortir des compagnies tout organisées et bien exercées. S'il y avait seulement en moyenne une société de tir dans chaque arrondissement de la France, il est plus que probable que les Prussiens ne pourraient pas renouveler leurs exploits du début de la dernière guerre, où 25 uhlans poussaient une reconnaissance jusqu'à vingt lieues de leurs lignes, traversaient des villes, et s'emparaient d'un chef-lieu de département sans coup férir.

Que les citoyens s'efforcent donc de créer partout des sociétés de tir ; c'est, pour le moment, ce qu'il y a de plus facile à faire. Qu'ils pétitionnent pour obtenir le réarmement des gardes nationales ; ce sera dur à emporter, mais, s'ils réussissent, le succès sera décisif.

Je me résumerai maintenant en quelques mots, et j'essaierai de faire saisir par une comparaison l'idée de cette brochure.

Je dis que nous courons aujourd'hui tous un danger très-grand, et que ce danger n'est malheureusement pas celui qui préoccupe les hommes au pouvoir.

Il y a dans l'arène un taureau dont les yeux voient rouge. On agite une banderole devant ce taureau, et le malheureux se jette dessus, sans voir l'épée qui est prête à s'abattre sur sa nuque. — Ce taureau, c'est nous, ou c'est la France ; la banderole, c'est la révolution ou le spectre rouge ; l'épée, c'est la Prusse avec ses trois millions de soldats. L'œil qui voit rouge, ce sont ces hommes de la droite, qui, dans cet instant fatal, ont la mission de diriger nos destinées, et qui nous désarment ! Nous avons encore deux ans pour nous reconnaître ; — deux ans, dans la vie d'un peuple, c'est deux minutes, — et si, dans ce court espace de temps,

nous n'avons pas su voir où est le péril, l'Europe sa-
luera de ses acclamations unanimes la victoire sanglante
du torréador prussien.

Il faudrait au peuple français, pour conjurer ce péril,
un mélange bien rare de sagesse et d'énergie. Il faudrait de l'agitation pacifique et légale, du pétitionne-
ment ; il faudrait, avant tout, de l'initiative. Mais l'initiative, chez nous, est chose engourdie. Nous ne sommes pas habitués à nous mêler de nos affaires, et nous
les laisserons flotter au gré du courant, qui nous entraîne
à notre perte. J'essaie de jeter en travers cette pau-
vre feuille, qu'il emportera comme le reste, et j'attends
ma part du commun désastre, sachant bien, hélas ! que
je prévois juste, que je dis vrai, et que je ne serai pas
écouté.

Décembre 1871.

Moulins. — Impr. Fudez frères.